JN082757

書き込み式

1日 ▶ 5分書くだけ！

習慣マスタリーノート

無意識を味方につけて
目標達成を加速する

加藤せい子

日本地域社会研究所　　　　　コミュニティ・ブックス

はじめに

「習慣マスタリーノート」へようこそ

　「習慣マスタリーノート」に興味をお持ちいただき、ありがとうございます。

　私たちの日々の努力が成果に結びつかないとき、何が足りないのか悩むことがありますよね。このノートは「セミナーや本で学んでいるのになぜうまくいかないのか」「本当の成功を手に入れたい」というあなたに捧げるノートです。

失敗から成功への鍵：「習慣化」

　私たちは日々多くのことを無意識に行なっています。

　おはようのあいさつ、食事の前の礼儀、そして寝る前のあいさつなど、これらは習慣として私たちの行動に刷り込まれています。なぜ無意識の習慣づくりが重要なのでしょうか？

　「習慣」はあなたの成功への鍵です。

　習慣マスタリーノートでは、心と身体の習慣化を通じて、あなたの自己改革を支援します。私たちは無意識の力を活用し、望む未来を築く方法を探求していきます。

三日坊主からの脱却：１日５分で変わる方法

　日常の習慣化は簡単なことではありません。ダイエットや健康習慣も、時間が経つと最初のやる気が失われがちです。

　しかし、このノートではその困難さを乗り越えるための秘策を提供します。わずか１日５分の書き込みで、あなたの習慣化をサポートします。

私の経験から生まれたオリジナルメソッド

　私は乳がんサバイバーでもあります。乳がんの経験から「習慣の変容こそが本当の治癒をもたらす」と気づきました。しかし、習慣を変えることは簡単なことではありませんでした。
　習慣マスタリーノートでは、挫折と向き合いながら編み出した、効果的な習慣づくりの方法を提供します。

６か月で自己改革を達成する実践ノート

　習慣マスタリーノートは、約６か月分のフォーマットを提供します。
　最初の数か月は変化のきっかけづくりから始まり、段階的に習慣化へと進んでいきます。自己改革を達成するための道のりを、明確なステップと共に歩んでいきましょう。

あなたの成功への第一歩

　あなたが変わることで、周りの世界も変わります。ビジネスリーダーから主婦まで、あなたの人生をリードするのはあなた自身です。
　ノートを通じて習慣化をマスターし、真の成功を手に入れましょう。
　習慣マスタリーノートを出版することで、私たちはあなたの自己改革の旅を応援しています。成功への第一歩を踏み出しましょう。
　どうぞご期待ください。

千道株式会社代表 エンパワーメントコーチ
加藤　せい子

3

目　次

Chapter1

習慣化で目標達成できる
メカニズム

なぜ、心と身体づくりの習慣化が大事なのか？

　目標や夢に向かって努力していると、成果がなかなか出ないことに戸惑うことがありますよね。その成功の鍵は「心と身体づくりの習慣化」にあります。

　私たちが何かを成し遂げたいとき、自分の内面と健康な身体こそ成功への土台となります。正しい習慣が備わっていなければ、持続的な成長は難しいでしょう。しかし、これを逆に捉えると、習慣を築くことで成功への近道が見つかるのです。

まずは、心と身体づくりの小さな習慣の実践から

　習慣の力を引き出す方法を、このノートが提供します。心と身体を磨く新たな習慣を取り入れることで、あなたの可能性が広がり、成功への道が明るくなるでしょう。

　すべての成果は、心と身体から始まります。どれだけ技術や知識を持っていても、心身のバランスが欠けていると、本当の成長は難しいです。

　私たちの行動や思考は、習慣によって形成されています。新しい習慣を通じてあなたの内面と健康を変えることで、人生全体が劇的に変化することを体感できるでしょう。

新しい習慣で無意識を味方にする

　無意識の力を最大限に引き出すためには、正しい習慣を築くことが重要です。

　私たちの95％は無意識で動いており、この力を味方につけることで、本来の天才性や潜在能力を引き出せます。

　社会の中で培った思考のクセや制約から解放され、本来の力を発揮するために、心と身体づくりの習慣を通じて変化を遂げましょう。

●新しい習慣で目標達成できる仕組み

　新しい習慣を取り入れると、成功へのプロセスが始まります。

　例えば、運動の習慣を取り入れると意欲や心の安定などにつながるホルモンが分泌されます。

　それによって無意識が変わっていけば、行動が変わり成果につながるでしょう。

■無意識の力を引き出す方法

意欲がみなぎる ドーパミン	心の安定をもたらす セロトニン	優しい気持ちになる オキシトシン	多幸感を与える エンドロフィン
・運動する ・瞑想する ・文章を書く ・音楽を聴く ・絵を描く ・ものづくり ・毎日決めたことを行う ・L-チロシン(納豆、 　味噌、胡麻など)を摂る	・運動する ・太陽を浴びる ・赤身の魚 ・鶏肉 ・大豆製品 ・そば ・ナッツ類 ・冷水を浴びる ・マッサージ	・スキンシップ ・マッサージ ・ハグ ・香りを嗅ぐ ・感謝の気持ちを伝える ・楽しく食事をする ・運動する	・笑う ・入浴 ・運動する ・ストレッチ ・瞑想する ・泣く ・マッサージ ・深い呼吸をする ・鍼灸 ・高ココア ・ダークチョコレート ・ナッツ

① 習慣を変える → 思考パターンが変わる
② 思考パターンが変わる → 行動が変わる
③ 行動が変わる → 成果につながる

この連鎖が、あなたの成果を劇的に加速させるメカニズムです。

● 体のリズムに合わせた習慣の使い分け

　私たちの体は交感神経と副交感神経という2つの自律神経で成り立っており、朝は活発的な交感神経、夜は鎮静的な副交感神経が優位になります。
　そのため、朝と夜のリズムに合った習慣を取り入れた方がうまくいきやすいです。
　例えば、ストレッチのようにリラックスできる運動は夜に取り入れるのがよいでしょう。

・脳血管を収縮させる
・瞳孔の拡大、涙の分泌を抑制する
・唾液が出づらくさせる
・気管支を拡張させる
・心拍数を増やす
・消化を抑制する
・排便・排尿を抑制する

・脳血管を拡張させる
・瞳孔を収縮させる
・サラッとした唾液を出す
・気管支を収縮させる
・心拍数を減らす
・消化を促進する
・排便・排尿を促進する

心と身体づくりの新しい習慣は、ビジネスでも効果を発揮する

　新しい習慣は、あなたのビジネスにも大きな影響をもたらします。心と身体づくりのプロセスを通じて変化をもたらし、それがビジネスにも波及するからです。

　例えば、トイレ掃除という小さな習慣が細かな問題点に気づく視点を養い、ビジネスの改善につながるかもしれません。食事の習慣は感謝の気持ちや丁寧さを育み、お客様とのコミュニケーションにポジティブな影響を与えるでしょう。

　このノートを通じて心と身体づくりの新しい習慣を実践し、成功への一歩を踏み出してみませんか？

Chapter2

習慣化で
自己改革する秘訣

　習慣を続けることは簡単ではありません。でも、成功するためのコツがあります。過去に継続が難しかった理由を振り返ってみましょう。

　習慣化を成功させるには、下記のような理由が浮かぶかもしれませんね。
- 楽しくないから
- 忙しいから
- 目的意識が曖昧だったから
- 無理していたから

　これらの理由を打破するためには、継続が楽しく感じられる工夫が必要です。習慣を堅持できるコツは「楽しみながらラクに続ける」ことです。無理なく楽しく続けるための方法を見つけましょう。

意志よりも仕組みを活用する
　私たちは誰しも、モチベーションの低いときがあります。そのため、意志に頼らず継続できる仕組みを活用することが重要です。

このノートでは、習慣の設定から自己改革への道のりを、効果的な仕組みとして提供しています。

ゴールを設定する

最初に、達成したい目標を明確に設定しましょう。明確なゴールがなければ、どの方向に進むべきか迷ってしまいます。自身の目標を設定することで、毎日の行動が意味を持つものになり、次のステップを踏みやすくなります。自分自身の本当の望みを見つけ、それに向かって進むための指針を持ちましょう。

新しい習慣をつくる

古い思考パターンを変えるためには、新しい習慣を導入し、無意識に刷り込んでいく必要があります。

その際、いくつかのポイントに注意しましょう。

① 小さく始める

ハードルを低く設定し、容易に継続できる習慣から始めることが大切です。小さな成功体験を積み重ねることで、モチベーションが高まります。

② 場所や時間を固定する

習慣を特定の場所や時間に結びつけることで、無理なく続けられます。自動的に行動する環境を整えることが大事です。

③ 仲間と一緒に行動する

同じ目標を持つ仲間と一緒に行動することは、強力なサポートになります。お互いを励まし合い、継続をサポートしましょう。

④ 実践して記録する

　実践したことを記録すると、達成感が高まり次のステップに進む助けとなります。日々の記録を通じて、自分の成長を実感しましょう。

　継続が成果を生むと実感できれば、モチベーションも向上します。

⑤ 振り返って軌道修正する

　毎日の振り返りと軌道修正は、あなたを成功に導きます。気づきを得ながら改善していくプロセスが、長期的な変革につながるからです。自分自身の成長を確認し、進化し続ける姿勢を持ちましょう。

⑥ まとめ

　自己改革を成功させるためには、これらのステップを踏んで習慣化を進めることが重要です。習慣マスタリーノートの仕組みを通じて、ゴールへの道のりをスムーズに進めていきましょう。

Chapter3

「習慣マスタリーノート」の書き方

習慣マスタリーノートの書き方を、5ステップでご紹介します。
このノートを書き終える6か月後には、違う景色が見えているはずです。
書き方に迷ったら、いつでもこのページに戻ってきてくださいね。

ステップ1：ありたい姿を書き出す

「目標達成」シートの真ん中に「ありたい姿」を書き出しましょう。
　例えば「信頼される経営者になる」など、思い描いている理想の姿を言語化してみてください。

　ゴールを明確にするほど、そのために必要な要素を意識できるようになります。
　「ありたい姿」を書いたら「仕事」「プライベート」「経済」「人格」「社会貢献」「家庭」「学習」「健康」それぞれについて、成し遂げたいことを記入しましょう。

目標達成

仕事
（職業・職種・働き方・
成し遂げたいこと）

・スタッフを採用して
業務を手放し、スクール
事業に注力する

・21時以降、仕事は
しない。

プライベート
（旅行・イベント・趣味・交際）

・年に1回、新しい場所
に旅行へ行く

・1ヶ月に2冊本を読む

・週に1回は完全オフの
日を作る

経済（収入・投資・財産）

・スクール事業を軌道に
乗せて売上を1.5倍にす
る

・資産1億円を達成する

人格
（性格・人物像・尊敬する人）

・常に気持ちに余裕
を持つ

・オンとオフのメリハリを
つける

・松下幸之助

ありたい姿

・個人で行っている
SNSマーケティング事業
の組織化を進めて、
売上を上げる

・信頼される経営者に
なる

社会貢献
（スポーツ・コミュニティ・
ボランティア）

・地域の子ども会の
ボランティア活動に
参加する

・通勤途中に必ず
ゴミ拾いをする

家庭
（妻・子供・親・兄弟・
親族との関係）

・家族との食事の時間
を大事にする

・1ヶ月に1回、家族と
1対1で話す時間を
つくる

学習
（資格・習い事・知識・教養・
生涯学習）

・2025年までに
●●●の資格を取る

・行動心理学につい
ての本を読む

健康
（運動・体型・食生活・睡眠・
入浴）

・健康のために3キロ
減量する

・22時までに寝る

・16時間ファスティング
する

ステップ２：心と身体を整える実践項目を洗い出す

● 健康の３要素

　健康な心と体は、成長や成功するための大前提です。どんなものを食べて、どのように身体を動かして、どんな言葉を自分にかけるのか？　思考・食事・運動の３つの要素が揃ってはじめて、物事を成し遂げる土台ができます。

　「健康の３要素」のシートでは、食事習慣、運動習慣、思考習慣それぞれの実践項目を洗い出します。

　書き込みフォーマットの左側から右側へ、次のように掘り下げてみてください。

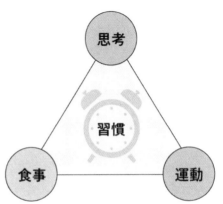

① 目指しているありたい姿は？
② ありたい姿になるために、どんな食事習慣・運動習慣・思考習慣が必要か？
③ それぞれの習慣でどんな変化をつくりたいか？
④ 具体的には日々何を実践するのか？

まずは継続することを目標に、小さな実践から始めましょう。

健康の3要素

ありたい姿	健康の3要素
	思考習慣 何事も加点思考で 前向きに考える

・自分一人で行っている
事業を組織化する

・仕事のパフォーマンスを
上げて、プライベートも
充実させる

・毎日、心に余裕を
持って生活する

食事習慣

16時間ファスティングする

腸内環境を整える

運動習慣

毎日必ず軽い運動を
する

作りたい変化	実践すること
物事をプラスに捉える ≫	良かったことを書く
	人を褒める
失敗しても落ち込まない ≫	自分を褒める
活動のパフォーマンスを上げる ≫	間食は1日1回まで
	お腹が空いたらまずコップ1杯水を飲む
お菓子の量を減らす ≫	21時までに食べ終える
程よく筋肉をつけて代謝を上げる ≫	背筋1日10回
	腹筋1日10回
疲れにくい体を作る ≫	朝起きたら5分ストレッチする

●幸せの4つの因子

「幸せの4つの因子」とは、幸せ（ウェルビーイング）研究者の慶應義塾大学教授 前野隆司氏の研究結果に基づく、幸福度の高さを表す因子です。

前野教授は、4つの因子を満たせれば幸福度が長続きすると提唱しています。

このノートでは、自己改革に必要な要素として「幸せの4つの因子」を満たす実践項目を、最低1つずつ書き出しましょう。

①「やってみよう」因子

夢や目標に向かって「やってみよう！」と主体的に努力を続けられる因子。

この因子を伸ばすには、自分が好きなことや心がワクワクすることをやるのが理想的です。

②「ありがとう」因子

ありがとうと感謝し、利他性を持つことによる因子です。社会の中で生きている人間は、周りの人とのつながりで幸せを感じます。

③「なんとかなる」因子

「なんとかなる！」と前向きかつ楽観的でいる因子です。常に「なんとかなる！」「他に方法はないか？」と考えていれば、行動に踏み出しやすくなります。

④「ありのまま」因子

自分に集中し、本当の自分らしさを探して磨いていく因子。自分の好きなことや得意なこと、ワクワクすることを突き詰めていくと「本当の自分らしさ」にたどり着けます。

ステップ３：ビジョン・ミッション、価値観・欠乏感を明確にする

●ビジョン・ミッション

　ビジョンとは、理想の未来像やこの先の展望を言語化したものです。目標と間違われやすいですが、習慣マスタリーノートでは以下のように定義しています。

　　目標：目的を達成するための指標
　　ビジョン：達成した先の未来像。叶うようで叶わないぐらいの理想の未来

　ビジョンを明確にすると、目指す方向性が明確になり迷いがなくなります。
　また、ミッションは使命や存在意義を指すもの。何のためにビジョンを目指すのか？　の答えにあたる部分です。

　「ビジョン・ミッション」シートで、何のため（ミッション）に行動し、どんな未来（ビジョン）を見たいのか言語化してみましょう。

ビジョン・ミッション

◎ ビジョン：見たい未来の姿は？

まだ知られていない日本の良いものを世界で流行させる。

好きな人と好きな時間に好きな場所で働ける世の中に

する。

♥ ミッション：あなたが果たすべき役割（使命）は？

SNSマーケティングの力で、本当に良いものを世の中に

届ける。

SNSマーケティングで手に職をつけられる人を増やす。

●価値観・欠乏感

　一般的に価値観とは「何に価値があると感じるか、基本的な考え方」を指すと思います。

　しかし、このノートで書く「価値観」は少し違います。
ここで書く価値観のポイントは2つ。

・何をしたらワクワクするのか？　に対する抽象度の高い答え
・最後の③は動詞で答える

　①から③まで順に掘り下げていき、最後の③があなたの価値観になります。

　価値観を書き出したら、欠乏感も①から順に書いてみましょう。③で出た答えがあなたの欠乏感です。

　欠乏感は決して、マイナスに捉えるものではありません。価値観にしろ欠乏感にしろ、自分を知ることができれば、日常においてさらに大きなパワーを発揮できるようになります。

価値観・欠乏感

あなたの価値観は？

① 何をしたらワクワクしますか？

仲間と一緒に新しいことに挑戦する

② 具体的にどのようなことか？

新しいことを企画するプロセス、それが段々と形になって
いくプロセス

③ その真の目的はなんですか？

仲間と新しいものを生み出す

あなたの欠乏感は？

① 小学生低学年のときにいやだったことは？

人前で発表するのがいやだった

② なぜそう思ったのか？

ちゃんとできるかどうかが不安で自信がなかったから

③ つまりどうゆうことか？

自信喪失

●成功ピラミッド

　成功ピラミッドの中に健康の3要素、価値観・欠乏感、ビジョン・ミッションを書き写しましょう。

　これがあなたの人生を成功に導くピラミッドになります。

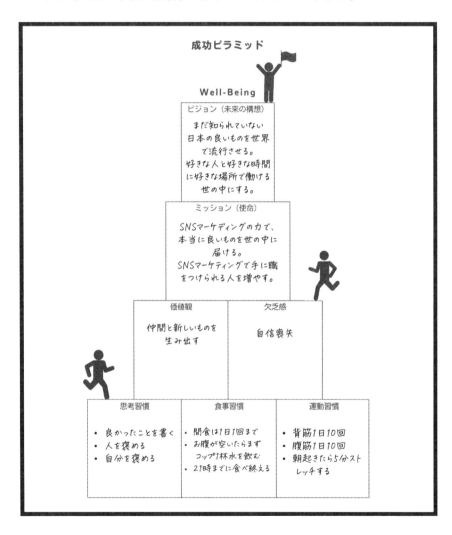

ステップ４：毎日記録する

　ステップ２で書き出した実践項目を習慣トラッカーに記入し、毎日記録しましょう。

● 習慣トラッカーに記入する実践項目
- 「健康の３要素」シート の「実践すること」に記入した実践項目（最大９つ）
- 「幸せの４つの因子」シートの４つの葉っぱに記入した実践項目（最大８つ）

　毎日実施したらチェックを書き込むだけです。小学生の頃のラジオ体操カードのように、やった分だけ達成感につながるでしょう。

習慣トラッカー　　　　　　　年　　月

習慣	月1	火2	水3	木4	金5	土6	日7	月8	火9	水10	木11	金12	土13	日14	月15	火16	水17	木18	金19	土20	日21	月22	火23	水24	木25	金26	土27	日28	月29	火30	水31
1 良かったことを書く	✓	✓	✓	✓	✓	✓																									
2 人を褒める	✓	✓	✓	✓	✓																										
3 自分を褒める	✓	✓		✓	✓	✓																									
4 間食は1日1回まで	✓		✓	✓	✓	✓																									
5 お腹が空いたらまずコップ1杯水を飲む	✓	✓	✓	✓	✓	✓																									
6 21時までに食べ終える	✓		✓	✓		✓																									
7 背筋1日10回	✓	✓	✓	✓	✓	✓																									
8 腹筋1日10回	✓	✓	✓	✓	✓	✓																									
9 朝起きたら5分ストレッチする	✓	✓	✓	✓																											
10 SNSで情報発信する	✓	✓		✓	✓	✓																									
11 本を読む	✓	✓	✓			✓																									
12 毎日家族に感謝を伝える	✓	✓	✓	✓	✓	✓																									
13 週に1回親に電話する						✓																									
14 迷った時はやる方を選ぶ	✓	✓		✓		✓																									
15 失敗してもその日中に立ち直る	✓			✓		✓																									
16 1日1時間の1人時間を作る	✓	✓	✓	✓	✓																										
17 Noと言えるようになる	✓		✓			✓																									

ステップ5：振り返る

　実践したら、毎日の振り返り、1週間の振り返りを記入します。

① 毎日やること
● 気づき・変化を振り返る
　実践して気づいたことや変化を書きましょう。例えば、腹筋10回を実践して「ふだんよりもつらかった」という気づきがあるかもしれません。
　気づきや変化はそれだけで終わらせず、次の「問いトレーニング」で改善につなげます。

● 問いトレーニング
　気づきや変化に対して、なぜそうなったのか？　他の方法はあったのか？　など問いを立てましょう。
　「なぜ、今日はふだんよりも腹筋がつらかったのか？」と問いを立てたら、
　「昨日の寝不足が原因かもしれない」
　「だらだら夜ふかししないようにしよう」
といったように、軌道修正につながります。

　また、問いを立てるとRAS（脳幹網様体賦活系）が無意識的に働き、その答えを見つけようとします。
　問いトレーニングで脳の働きを活用し、自己改革を促しましょう。

● 感情をチェックする
　「1週間の感情チェック」表に、今日の感情を記入します。

　ふだんから感情を観察していると、自分の本音に気づけるようになり、感情に振り回されず行動できるようになるでしょう。

　私はふだん、感情を観察するために「感情の輪」を意識しています。

　「感情の輪」とは、1980年にアメリカの心理学者であるロバート・プルチック氏が提唱した、三次元の輪の感情モデルです。

　この理論を活用すれば自覚していない本音を把握でき、感情コントロールにつながります。

　プルチック氏の理論では、感情は以下のような8つの「一次感情」から成り立っています。

＜8つの基本感情＞
- 喜び
- 信頼
- 恐れ
- 驚き
- 悲しみ
- 嫌悪
- 怒り
- 期待

＜「感情の輪」の理論＞
- 基本感情にも強弱がある
- 輪にしたときに隣り合う感情は似ている
- 一次感情が混ざり合うと、二次感情が派生する
- 輪にしたとき、対極にある感情との関連性にも注目してみる

　例えば、子どもが迷子になって見つかった際、怒ってしまう裏には「不安」「（失うという）恐怖」が隠れているかもしれません。感情を俯瞰できていれば、本音に気づけたり素直になれたりするかもしれませんよね。

習慣マスタリーノートでは、シンプルで続けやすいチェック方法にしました。

よくある８つの感情の中から、近しい感情にチェックを入れましょう。

② 週に１回やること

「１週間の振り返り」に、１週間の感謝や褒めワードを記入しましょう。人、もの、自分、自然など、どんなものに対する言葉でも OK です。

日々唱える言葉で思考が変わり、行動が変わり、人生は変わっていきます。

週に１回、感謝や褒めワードを書く習慣をつけてみてください。

習慣マスタリーノートの出版によって、私たちはあなたの成功を心より応援しています。ぜひ、自己改革の旅を一緒に歩んでいきましょう。

毎日の振り返り

2023 / 1 / 1

📖 気づき・変化

いつもより腹筋背筋が辛かった。

3日連続で寝る時間が遅く

なったことが原因かも?

🗨️ 問いトレーニング
（改善点を導き出す）

なぜいつもより腹筋背筋が

辛かったのか? 寝る時間が

遅かったから? 早く寝るには

どうしたらよい?

→19時までに仕事を終える!

1週間の振り返り

💡 1週間の感謝・誉めワード
（人、もの、自分、自然への感謝・誉め）

今週は仕事が大変だったけど

がんばった。

支えてくれた家族に感謝!

腹筋背筋は毎日欠かさずできた

のは良かった。

1週間の感情チェック

	月	火	水	木	金	土	日
喜び	✓		✓	✓	✓		✓
恐怖							
驚き	✓					✓	
悲しみ						✓	
恨み							
怒り		✓					
不安		✓				✓	
期待						✓	

書き込みフォーマット
〜ゴール設定〜

　ここからはいよいよ、実際に書き込みフォーマットへ記入していきましょう。これから6か月間、実践と1日5分の書き込みを続けるにあたって、まずはゴール設定をしてください。ゴールを明確にし、日々の実践に意味を見いだせれば習慣化につながります。

　次のフォーマットへ順番に書き込んで、あなたの自己改革の旅をスタートしましょう。

「目標達成」
「健康の3要素」
「幸せの4つの因子」
「ビジョン・ミッション」
「価値観・欠乏感」
「成功ピラミッド」

※6か月の実践が終わったら、最初に設定した「目標達成」シートを振り返ってみてください。

目標達成

仕事
（職業・職種・働き方・
成し遂げたいこと）

プライベート
（旅行・イベント・趣味・交際）

経済（収入・投資・財産）

人格
（性格・人物像・尊敬する人）

ありたい姿

社会貢献
（スポーツ・コミュニティ・
ボランティア）

家庭
（妻・子供・親・兄弟・
親族との関係）

学習
（資格・習い事・知識・教養・
生涯学習）

健康
（運動・体型・食生活・睡眠・
入浴）

健康の3要素

ありたい姿	健康の3要素
	思考習慣
	食事習慣
	運動習慣

作りたい変化		実践すること
	»	
	»	
	»	
	»	
	»	
	»	

幸せの4つの因子

やってみよう
（好きなことをやる）

ありのまま
（本当の自分らしさ）

ありがとう
（感謝する）

なんとかなる
（前向きに考えよう）

ビジョン・ミッション

🎯 ビジョン：見たい未来の姿は？

....

....

....

❤️ ミッション：あなたが果たすべき役割（使命）は？

....

....

....

価値観・欠乏感

あなたの価値観は？

① 何をしたらワクワクしますか？

....

② 具体的にどのようなことか？

....

③ その真の目的はなんですか？

....

あなたの欠乏感は？

① 小学生低学年のときにいやだったことは？

....

② なぜそう思ったのか？

....

③ つまりどうゆうことか？

....

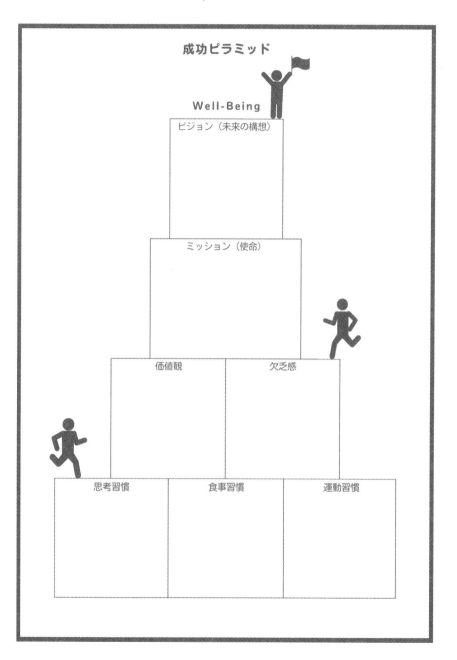

成功ピラミッド

Well-Being

ビジョン（未来の構想）

ミッション（使命）

価値観　　　　　　欠乏感

思考習慣　　　　　食事習慣　　　　　運動習慣

MEMO

Chapter5

書き込みフォーマット
～６か月の実践ノート～

　ゴールと実践項目が明確になったら、６か月間、実践と１日５分の書き込みに取り組みましょう。

　習慣マスタリーノートでは、４週間ごとに以下の書き込みフォーマットに記録していきます。

「習慣トラッカー」
「毎日の振り返り」
「１週間の振り返り」
「１週間の感情チェック」

　書き込みフォーマットは約６か月分。書き終わる頃には、目標達成に近づいているはずです。

　１日の終わりに５分、習慣マスタリーノートに向き合う時間をつくってみてくださいね。

習慣トラッカー

	習慣											
1												
2												
3												
4												
5												
6												
7												
8												
9												
10												
11												
12												
13												
14												
15												
16												
17												

Chapter5 書き込みフォーマット ～6 か月の実践ノート～

年　　　月

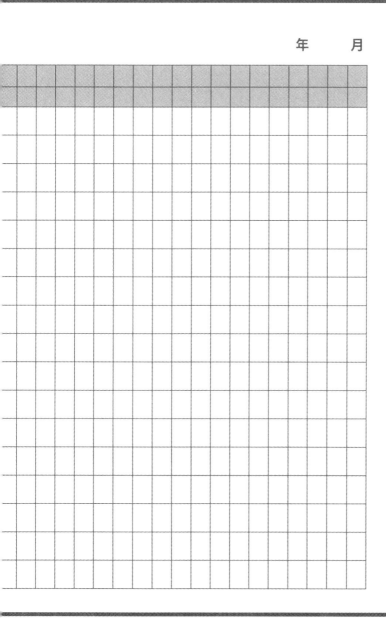

毎日の振り返り

_____ / _____ / _____

気づき・変化

・・・・・・・・・・・・・・・・・・・・・・・・・・・・

・・・・・・・・・・・・・・・・・・・・・・・・・・・・

・・・・・・・・・・・・・・・・・・・・・・・・・・・・

・・・・・・・・・・・・・・・・・・・・・・・・・・・・

・・・・・・・・・・・・・・・・・・・・・・・・・・・・

問いトレーニング
（改善点を導き出す）

・・・・・・・・・・・・・・・・・・・・・・・・・・・・

・・・・・・・・・・・・・・・・・・・・・・・・・・・・

・・・・・・・・・・・・・・・・・・・・・・・・・・・・

・・・・・・・・・・・・・・・・・・・・・・・・・・・・

・・・・・・・・・・・・・・・・・・・・・・・・・・・・

_____ / _____ / _____

気づき・変化

・・・・・・・・・・・・・・・・・・・・・・・・・・・・

・・・・・・・・・・・・・・・・・・・・・・・・・・・・

・・・・・・・・・・・・・・・・・・・・・・・・・・・・

・・・・・・・・・・・・・・・・・・・・・・・・・・・・

・・・・・・・・・・・・・・・・・・・・・・・・・・・・

問いトレーニング
（改善点を導き出す）

・・・・・・・・・・・・・・・・・・・・・・・・・・・・

・・・・・・・・・・・・・・・・・・・・・・・・・・・・

・・・・・・・・・・・・・・・・・・・・・・・・・・・・

・・・・・・・・・・・・・・・・・・・・・・・・・・・・

・・・・・・・・・・・・・・・・・・・・・・・・・・・・

Chapter5 書き込みフォーマット 〜6か月の実践ノート〜

毎日の振り返り

_____ / _____ / _____

📖 気づき・変化

....

....

....

....

....

💬 問いトレーニング
（改善点を導き出す）

....

....

....

....

....

_____ / _____ / _____

📖 気づき・変化

....

....

....

....

....

💬 問いトレーニング
（改善点を導き出す）

....

....

....

....

....

毎日の振り返り

/ /

気づき・変化

問いトレーニング
（改善点を導き出す）

/ /

気づき・変化

問いトレーニング
（改善点を導き出す）

Chapter5 書き込みフォーマット 〜6か月の実践ノート〜

毎日の振り返り

/   /

📖 気づき・変化

❓ 問いトレーニング
（改善点を導き出す）

1週間の振り返り

💡 1週間の感謝・誉めワード
（人、もの、自分、自然への感謝・誉め）

1週間の感情チェック

	月	火	水	木	金	土	日
喜び							
恐怖							
驚き							
悲しみ							
恨み							
怒り							
不安							
期待							

毎日の振り返り

／　　／

📖 気づき・変化

· ·

· ·

· ·

· ·

· ·

Q&A 問いトレーニング
　　（改善点を導き出す）

· ·

· ·

· ·

· ·

· ·

／　　／

📖 気づき・変化

· ·

· ·

· ·

· ·

· ·

Q&A 問いトレーニング
　　（改善点を導き出す）

· ·

· ·

· ·

· ·

· ·

Chapter5 書き込みフォーマット 〜6か月の実践ノート〜

毎日の振り返り

/　　/

📖 気づき・変化

Q&A 問いトレーニング
（改善点を導き出す）

/　　/

📖 気づき・変化

Q&A 問いトレーニング
（改善点を導き出す）

毎日の振り返り

___/___ /___

気づき・変化

‥‥‥‥‥‥‥‥‥‥‥‥‥‥‥‥‥‥‥‥

‥‥‥‥‥‥‥‥‥‥‥‥‥‥‥‥‥‥‥‥

‥‥‥‥‥‥‥‥‥‥‥‥‥‥‥‥‥‥‥‥

‥‥‥‥‥‥‥‥‥‥‥‥‥‥‥‥‥‥‥‥

‥‥‥‥‥‥‥‥‥‥‥‥‥‥‥‥‥‥‥‥

問いトレーニング
（改善点を導き出す）

‥‥‥‥‥‥‥‥‥‥‥‥‥‥‥‥‥‥‥‥

‥‥‥‥‥‥‥‥‥‥‥‥‥‥‥‥‥‥‥‥

‥‥‥‥‥‥‥‥‥‥‥‥‥‥‥‥‥‥‥‥

‥‥‥‥‥‥‥‥‥‥‥‥‥‥‥‥‥‥‥‥

‥‥‥‥‥‥‥‥‥‥‥‥‥‥‥‥‥‥‥‥

___/___ /___

気づき・変化

‥‥‥‥‥‥‥‥‥‥‥‥‥‥‥‥‥‥‥‥

‥‥‥‥‥‥‥‥‥‥‥‥‥‥‥‥‥‥‥‥

‥‥‥‥‥‥‥‥‥‥‥‥‥‥‥‥‥‥‥‥

‥‥‥‥‥‥‥‥‥‥‥‥‥‥‥‥‥‥‥‥

‥‥‥‥‥‥‥‥‥‥‥‥‥‥‥‥‥‥‥‥

問いトレーニング
（改善点を導き出す）

‥‥‥‥‥‥‥‥‥‥‥‥‥‥‥‥‥‥‥‥

‥‥‥‥‥‥‥‥‥‥‥‥‥‥‥‥‥‥‥‥

‥‥‥‥‥‥‥‥‥‥‥‥‥‥‥‥‥‥‥‥

‥‥‥‥‥‥‥‥‥‥‥‥‥‥‥‥‥‥‥‥

‥‥‥‥‥‥‥‥‥‥‥‥‥‥‥‥‥‥‥‥

毎日の振り返り

_____ / _____ / _____

📖 気づき・変化

📱 問いトレーニング
（改善点を導き出す）

1週間の振り返り

💡 1週間の感謝・誉めワード
（人、もの、自分、自然への感謝・誉め）

1週間の感情チェック

	月	火	水	木	金	土	日
喜び							
恐怖							
驚き							
悲しみ							
恨み							
怒り							
不安							
期待							

毎日の振り返り

_____ / _____ / _____

📖 気づき・変化

....

....

....

....

....

💬 問いトレーニング
（改善点を導き出す）

....

....

....

....

....

_____ / _____ / _____

📖 気づき・変化

....

....

....

....

....

💬 問いトレーニング
（改善点を導き出す）

....

....

....

....

....

Chapter5 書き込みフォーマット 〜6か月の実践ノート〜

毎日の振り返り

/　　　/

気づき・変化

問いトレーニング
（改善点を導き出す）

/　　　/

気づき・変化

問いトレーニング
（改善点を導き出す）

毎日の振り返り

/　　/

📖 気づき・変化

:::::::::::::::::::::::::::::::::::::::

:::::::::::::::::::::::::::::::::::::::

:::::::::::::::::::::::::::::::::::::::

:::::::::::::::::::::::::::::::::::::::

:::::::::::::::::::::::::::::::::::::::

💬 問いトレーニング
　　（改善点を導き出す）

:::::::::::::::::::::::::::::::::::::::

:::::::::::::::::::::::::::::::::::::::

:::::::::::::::::::::::::::::::::::::::

:::::::::::::::::::::::::::::::::::::::

:::::::::::::::::::::::::::::::::::::::

/　　/

📖 気づき・変化

:::::::::::::::::::::::::::::::::::::::

:::::::::::::::::::::::::::::::::::::::

:::::::::::::::::::::::::::::::::::::::

:::::::::::::::::::::::::::::::::::::::

:::::::::::::::::::::::::::::::::::::::

💬 問いトレーニング
　　（改善点を導き出す）

:::::::::::::::::::::::::::::::::::::::

:::::::::::::::::::::::::::::::::::::::

:::::::::::::::::::::::::::::::::::::::

:::::::::::::::::::::::::::::::::::::::

:::::::::::::::::::::::::::::::::::::::

Chapter5 書き込みフォーマット ～6か月の実践ノート～

毎日の振り返り

＿＿＿／＿＿＿／＿＿＿

気づき・変化

問いトレーニング
（改善点を導き出す）

1週間の振り返り

1週間の感情チェック

1週間の感謝・誉めワード
（人、もの、自分、自然への感謝・誉め）

	月	火	水	木	金	土	日
喜び							
恐怖							
驚き							
悲しみ							
恨み							
怒り							
不安							
期待							

毎日の振り返り

/　　/

気づき・変化

問いトレーニング
（改善点を導き出す）

/　　/

気づき・変化

問いトレーニング
（改善点を導き出す）

Chapter5 書き込みフォーマット 〜6か月の実践ノート〜

毎日の振り返り

/   /

📖 気づき・変化

❓ 問いトレーニング
（改善点を導き出す）

/   /

📖 気づき・変化

❓ 問いトレーニング
（改善点を導き出す）

毎日の振り返り

_____ / _____ / _____

📖 気づき・変化

- -

- -

- -

- -

- -

💬 問いトレーニング
（改善点を導き出す）

- -

- -

- -

- -

- -

_____ / _____ / _____

📖 気づき・変化

- -

- -

- -

- -

- -

💬 問いトレーニング
（改善点を導き出す）

- -

- -

- -

- -

- -

Chapter5 書き込みフォーマット〜6か月の実践ノート〜

毎日の振り返り

/   /

📖 気づき・変化

....

....

....

....

....

❓ 問いトレーニング
（改善点を導き出す）

....

....

....

....

....

1週間の振り返り

💡 1週間の感謝・褒めワード
（人、もの、自分、自然への感謝・褒め）

....

....

....

....

....

1週間の感情チェック

	月	火	水	木	金	土	日
喜び							
恐怖							
驚き							
悲しみ							
恨み							
怒り							
不安							
期待							

習慣トラッカー

	習慣										
1											
2											
3											
4											
5											
6											
7											
8											
9											
10											
11											
12											
13											
14											
15											
16											
17											

年　　月

毎日の振り返り

／　　／

📖 気づき・変化

🗨️ 問いトレーニング
（改善点を導き出す）

／　　／

📖 気づき・変化

🗨️ 問いトレーニング
（改善点を導き出す）

毎日の振り返り

/　　／

気づき・変化

. . . .

. . . .

. . . .

. . . .

. . . .

問いトレーニング
（改善点を導き出す）

. . . .

. . . .

. . . .

. . . .

. . . .

/　　／

気づき・変化

. . . .

. . . .

. . . .

. . . .

. . . .

問いトレーニング
（改善点を導き出す）

. . . .

. . . .

. . . .

. . . .

. . . .

毎日の振り返り

／　　／

📖 気づき・変化

································

································

································

································

································

💬 問いトレーニング
（改善点を導き出す）

································

································

································

································

································

／　　／

📖 気づき・変化

································

································

································

································

································

💬 問いトレーニング
（改善点を導き出す）

································

································

································

································

································

毎日の振り返り

_____ / _____ / _____

📖 気づき・変化

❓ 問いトレーニング
（改善点を導き出す）

1週間の振り返り

💡 1週間の感謝・誉めワード
（人、もの、自分、自然への感謝・誉め）

1週間の感情チェック

	月	火	水	木	金	土	日
喜び							
恐怖							
驚き							
悲しみ							
恨み							
怒り							
不安							
期待							

毎日の振り返り

/ /

📖 気づき・変化

::::::::::::::::::::::::::::::

::::::::::::::::::::::::::::::

::::::::::::::::::::::::::::::

::::::::::::::::::::::::::::::

::::::::::::::::::::::::::::::

問いトレーニング
（改善点を導き出す）

::::::::::::::::::::::::::::::

::::::::::::::::::::::::::::::

::::::::::::::::::::::::::::::

::::::::::::::::::::::::::::::

::::::::::::::::::::::::::::::

/ /

📖 気づき・変化

::::::::::::::::::::::::::::::

::::::::::::::::::::::::::::::

::::::::::::::::::::::::::::::

::::::::::::::::::::::::::::::

::::::::::::::::::::::::::::::

問いトレーニング
（改善点を導き出す）

::::::::::::::::::::::::::::::

::::::::::::::::::::::::::::::

::::::::::::::::::::::::::::::

::::::::::::::::::::::::::::::

::::::::::::::::::::::::::::::

毎日の振り返り

/　　　/

📖 気づき・変化

❓ 問いトレーニング
（改善点を導き出す）

/　　　/

📖 気づき・変化

❓ 問いトレーニング
（改善点を導き出す）

毎日の振り返り

/   /

気づき・変化

問いトレーニング
（改善点を導き出す）

/   /

気づき・変化

問いトレーニング
（改善点を導き出す）

毎日の振り返り

____ / ____ / ____

📖 気づき・変化

....

....

....

....

....

問いトレーニング
（改善点を導き出す）

....

....

....

....

....

1週間の振り返り

💡 1週間の感謝・褒めワード
（人、もの、自分、自然への感謝・褒め）

....

....

....

....

....

1週間の感情チェック

	月	火	水	木	金	土	日
喜び							
恐怖							
驚き							
悲しみ							
恨み							
怒り							
不安							
期待							

毎日の振り返り

_____ / _____ / _____

📖 気づき・変化

....

....

....

....

....

💬 問いトレーニング
（改善点を導き出す）

....

....

....

....

....

_____ / _____ / _____

📖 気づき・変化

....

....

....

....

....

💬 問いトレーニング
（改善点を導き出す）

....

....

....

....

....

毎日の振り返り

／　　／

📖 気づき・変化

Q&A 問いトレーニング
（改善点を導き出す）

／　　／

📖 気づき・変化

Q&A 問いトレーニング
（改善点を導き出す）

毎日の振り返り

_____ / _____ / _____

📖 気づき・変化

....

....

....

....

....

❓ 問いトレーニング
（改善点を導き出す）

....

....

....

....

....

_____ / _____ / _____

📖 気づき・変化

....

....

....

....

....

❓ 問いトレーニング
（改善点を導き出す）

....

....

....

....

....

毎日の振り返り

/　　/

📒 気づき・変化

💬 問いトレーニング
（改善点を導き出す）

1週間の振り返り

💡 1週間の感謝・褒めワード
（人、もの、自分、自然への感謝・褒め）

1週間の感情チェック

	月	火	水	木	金	土	日
喜び							
恐怖							
驚き							
悲しみ							
恨み							
怒り							
不安							
期待							

毎日の振り返り

／　　／

📖 気づき・変化

....

....

....

....

....

❓ 問いトレーニング
（改善点を導き出す）

....

....

....

....

....

／　　／

📖 気づき・変化

....

....

....

....

....

❓ 問いトレーニング
（改善点を導き出す）

....

....

....

....

....

毎日の振り返り

/   /

📖 気づき・変化

Q&A 問いトレーニング
（改善点を導き出す）

/   /

📖 気づき・変化

Q&A 問いトレーニング
（改善点を導き出す）

毎日の振り返り

/   /

📖 気づき・変化

❓ 問いトレーニング
（改善点を導き出す）

/   /

📖 気づき・変化

❓ 問いトレーニング
（改善点を導き出す）

毎日の振り返り

/　　　/

気づき・変化

::

::

::

::

::

問いトレーニング
（改善点を導き出す）

::

::

::

::

::

week 05-08

1週間の振り返り

1週間の感謝・褒めワード
（人、もの、自分、自然への感謝・誉め）

::

::

::

::

::

1週間の感情チェック

	月	火	水	木	金	土	日
喜び							
恐怖							
驚き							
悲しみ							
恨み							
怒り							
不安							
期待							

習慣トラッカー

	習慣											
1												
2												
3												
4												
5												
6												
7												
8												
9												
10												
11												
12												
13												
14												
15												
16												
17												

年　　　月

week 09-12

毎日の振り返り

/　　/

📖 気づき・変化

....

....

....

....

....

問いトレーニング
（改善点を導き出す）

....

....

....

....

....

/　　/

📖 気づき・変化

....

....

....

....

....

問いトレーニング
（改善点を導き出す）

....

....

....

....

....

毎日の振り返り

/   /

気づき・変化

問いトレーニング
（改善点を導き出す）

/   /

気づき・変化

問いトレーニング
（改善点を導き出す）

week 09-12

毎日の振り返り

___ / ___ / ___

📖 気づき・変化

....
....
....
....
....

💬 問いトレーニング
（改善点を導き出す）

....
....
....
....
....

___ / ___ / ___

📖 気づき・変化

....
....
....
....
....

💬 問いトレーニング
（改善点を導き出す）

....
....
....
....
....

毎日の振り返り

/　　　/

気づき・変化

問いトレーニング
（改善点を導き出す）

1週間の振り返り

1週間の感謝・誉めワード
（人、もの、自分、自然への感謝・誉め）

1週間の感情チェック

	月	火	水	木	金	土	日
喜び							
恐怖							
驚き							
悲しみ							
恨み							
怒り							
不安							
期待							

week 09-12

毎日の振り返り

___ / ___ / ___

📖 気づき・変化

. . . .

. . . .

. . . .

. . . .

. . . .

❓ 問いトレーニング
（改善点を導き出す）

. . . .

. . . .

. . . .

. . . .

. . . .

___ / ___ / ___

📖 気づき・変化

. . . .

. . . .

. . . .

. . . .

. . . .

❓ 問いトレーニング
（改善点を導き出す）

. . . .

. . . .

. . . .

. . . .

. . . .

毎日の振り返り

/   /

📖 気づき・変化

....

....

....

....

....

Q&A 問いトレーニング
　　（改善点を導き出す）

....

....

....

....

....

/   /

📖 気づき・変化

....

....

....

....

....

Q&A 問いトレーニング
　　（改善点を導き出す）

....

....

....

....

....

week 09-12

毎日の振り返り

/　　/

📖 気づき・変化

- -

- -

- -

- -

- -

🗨 問いトレーニング
（改善点を導き出す）

- -

- -

- -

- -

- -

/　　/

📖 気づき・変化

- -

- -

- -

- -

- -

🗨 問いトレーニング
（改善点を導き出す）

- -

- -

- -

- -

- -

毎日の振り返り

____ / ____ / ____

📖 気づき・変化

....

....

....

....

....

❓ 問いトレーニング
（改善点を導き出す）

....

....

....

....

....

week 09-12

1週間の振り返り

💡 1週間の感謝・誉めワード
（人、もの、自分、自然への感謝・誉め）

....

....

....

....

....

1週間の感情チェック

	月	火	水	木	金	土	日
喜び							
恐怖							
驚き							
悲しみ							
恨み							
怒り							
不安							
期待							

毎日の振り返り

/ /

📖 気づき・変化

....
....
....
....
....

❓ 問いトレーニング
（改善点を導き出す）

....
....
....
....
....

/ /

📖 気づき・変化

....
....
....
....
....

❓ 問いトレーニング
（改善点を導き出す）

....
....
....
....
....

毎日の振り返り

/　　/

📖 気づき・変化

....

....

....

....

....

❓ 問いトレーニング
（改善点を導き出す）

....

....

....

....

....

/　　/

📖 気づき・変化

....

....

....

....

....

❓ 問いトレーニング
（改善点を導き出す）

....

....

....

....

....

week 09-12

毎日の振り返り

/ /

📖 気づき・変化

⦿ 問いトレーニング
（改善点を導き出す）

/ /

📖 気づき・変化

⦿ 問いトレーニング
（改善点を導き出す）

毎日の振り返り

/　　/

気づき・変化

問いトレーニング
（改善点を導き出す）

1週間の振り返り

1週間の感謝・誉めワード
（人、もの、自分、自然への感謝・誉め）

1週間の感情チェック

	月	火	水	木	金	土	日
喜び							
恐怖							
驚き							
悲しみ							
恨み							
怒り							
不安							
期待							

毎日の振り返り

___/___/___

📖 気づき・変化

....

....

....

....

....

問いトレーニング
（改善点を導き出す）

....

....

....

....

....

___/___/___

📖 気づき・変化

....

....

....

....

....

問いトレーニング
（改善点を導き出す）

....

....

....

....

....

毎日の振り返り

／　　／

📖 気づき・変化

ᑫᴬ 問いトレーニング
（改善点を導き出す）

week 09-12

／　　／

📖 気づき・変化

ᑫᴬ 問いトレーニング
（改善点を導き出す）

毎日の振り返り

_____ / _____ / _____

📖 気づき・変化

....

....

....

....

....

❓ 問いトレーニング
（改善点を導き出す）

....

....

....

....

....

_____ / _____ / _____

📖 気づき・変化

....

....

....

....

....

❓ 問いトレーニング
（改善点を導き出す）

....

....

....

....

....

毎日の振り返り

/　　/

📖 気づき・変化

❓🅰 問いトレーニング
（改善点を導き出す）

1週間の振り返り

💡 1週間の感謝・誉めワード
（人、もの、自分、自然への感謝・誉め）

1週間の感情チェック

	月	火	水	木	金	土	日
喜び							
恐怖							
驚き							
悲しみ							
恨み							
怒り							
不安							
期待							

week 09-12

習慣トラッカー

	習慣												
1													
2													
3													
4													
5													
6													
7													
8													
9													
10													
11													
12													
13													
14													
15													
16													
17													

年　　　月

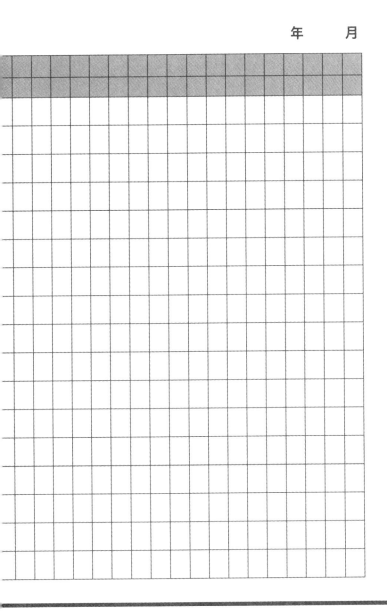

week 13-16

毎日の振り返り

/　　/

📖 気づき・変化

. . . .

. . . .

. . . .

. . . .

. . . .

💬 問いトレーニング
（改善点を導き出す）

. . . .

. . . .

. . . .

. . . .

. . . .

/　　/

📖 気づき・変化

. . . .

. . . .

. . . .

. . . .

. . . .

💬 問いトレーニング
（改善点を導き出す）

. . . .

. . . .

. . . .

. . . .

. . . .

毎日の振り返り

/　　/

📖 気づき・変化

❓ 問いトレーニング
（改善点を導き出す）

/　　/

📖 気づき・変化

❓ 問いトレーニング
（改善点を導き出す）

week 13-16

毎日の振り返り

_／　／_

📖 気づき・変化

....

....

....

....

....

🗨 問いトレーニング
（改善点を導き出す）

....

....

....

....

....

_／　／_

📖 気づき・変化

....

....

....

....

....

🗨 問いトレーニング
（改善点を導き出す）

....

....

....

....

....

毎日の振り返り

/   /

📖 気づき・変化

・・・・・・・・・・・・・・・・・・・・・・・・・・・・・・・・

・・・・・・・・・・・・・・・・・・・・・・・・・・・・・・・・

・・・・・・・・・・・・・・・・・・・・・・・・・・・・・・・・

・・・・・・・・・・・・・・・・・・・・・・・・・・・・・・・・

・・・・・・・・・・・・・・・・・・・・・・・・・・・・・・・・

問いトレーニング
（改善点を導き出す）

・・・・・・・・・・・・・・・・・・・・・・・・・・・・・・・・

・・・・・・・・・・・・・・・・・・・・・・・・・・・・・・・・

・・・・・・・・・・・・・・・・・・・・・・・・・・・・・・・・

・・・・・・・・・・・・・・・・・・・・・・・・・・・・・・・・

・・・・・・・・・・・・・・・・・・・・・・・・・・・・・・・・

1週間の振り返り

💡 1週間の感謝・誉めワード
（人、もの、自分、自然への感謝・誉め）

・・・・・・・・・・・・・・・・・・・・・・・・・・・・・・・・

・・・・・・・・・・・・・・・・・・・・・・・・・・・・・・・・

・・・・・・・・・・・・・・・・・・・・・・・・・・・・・・・・

・・・・・・・・・・・・・・・・・・・・・・・・・・・・・・・・

・・・・・・・・・・・・・・・・・・・・・・・・・・・・・・・・

1週間の感情チェック

	月	火	水	木	金	土	日
喜び							
恐怖							
驚き							
悲しみ							
恨み							
怒り							
不安							
期待							

week 13-16

毎日の振り返り

/ /

📖 気づき・変化

・・・・・・・・・・・・・・・・・・・・・・・・・・・・・・・・・

・・・・・・・・・・・・・・・・・・・・・・・・・・・・・・・・・

・・・・・・・・・・・・・・・・・・・・・・・・・・・・・・・・・

・・・・・・・・・・・・・・・・・・・・・・・・・・・・・・・・・

・・・・・・・・・・・・・・・・・・・・・・・・・・・・・・・・・

💬 問いトレーニング
（改善点を導き出す）

・・・・・・・・・・・・・・・・・・・・・・・・・・・・・・・・・

・・・・・・・・・・・・・・・・・・・・・・・・・・・・・・・・・

・・・・・・・・・・・・・・・・・・・・・・・・・・・・・・・・・

・・・・・・・・・・・・・・・・・・・・・・・・・・・・・・・・・

・・・・・・・・・・・・・・・・・・・・・・・・・・・・・・・・・

/ /

📖 気づき・変化

・・・・・・・・・・・・・・・・・・・・・・・・・・・・・・・・・

・・・・・・・・・・・・・・・・・・・・・・・・・・・・・・・・・

・・・・・・・・・・・・・・・・・・・・・・・・・・・・・・・・・

・・・・・・・・・・・・・・・・・・・・・・・・・・・・・・・・・

・・・・・・・・・・・・・・・・・・・・・・・・・・・・・・・・・

💬 問いトレーニング
（改善点を導き出す）

・・・・・・・・・・・・・・・・・・・・・・・・・・・・・・・・・

・・・・・・・・・・・・・・・・・・・・・・・・・・・・・・・・・

・・・・・・・・・・・・・・・・・・・・・・・・・・・・・・・・・

・・・・・・・・・・・・・・・・・・・・・・・・・・・・・・・・・

・・・・・・・・・・・・・・・・・・・・・・・・・・・・・・・・・

毎日の振り返り

/　　　/

📖 気づき・変化

・・・・・・・・・・・・・・・・・・・・・・・・・・・・・・・・・・

・・・・・・・・・・・・・・・・・・・・・・・・・・・・・・・・・・

・・・・・・・・・・・・・・・・・・・・・・・・・・・・・・・・・・

・・・・・・・・・・・・・・・・・・・・・・・・・・・・・・・・・・

・・・・・・・・・・・・・・・・・・・・・・・・・・・・・・・・・・

問いトレーニング
（改善点を導き出す）

・・・・・・・・・・・・・・・・・・・・・・・・・・・・・・・・・・

・・・・・・・・・・・・・・・・・・・・・・・・・・・・・・・・・・

・・・・・・・・・・・・・・・・・・・・・・・・・・・・・・・・・・

・・・・・・・・・・・・・・・・・・・・・・・・・・・・・・・・・・

・・・・・・・・・・・・・・・・・・・・・・・・・・・・・・・・・・

/　　　/

📖 気づき・変化

・・・・・・・・・・・・・・・・・・・・・・・・・・・・・・・・・・

・・・・・・・・・・・・・・・・・・・・・・・・・・・・・・・・・・

・・・・・・・・・・・・・・・・・・・・・・・・・・・・・・・・・・

・・・・・・・・・・・・・・・・・・・・・・・・・・・・・・・・・・

・・・・・・・・・・・・・・・・・・・・・・・・・・・・・・・・・・

問いトレーニング
（改善点を導き出す）

・・・・・・・・・・・・・・・・・・・・・・・・・・・・・・・・・・

・・・・・・・・・・・・・・・・・・・・・・・・・・・・・・・・・・

・・・・・・・・・・・・・・・・・・・・・・・・・・・・・・・・・・

・・・・・・・・・・・・・・・・・・・・・・・・・・・・・・・・・・

・・・・・・・・・・・・・・・・・・・・・・・・・・・・・・・・・・

week 13-16

毎日の振り返り

/　　/

📖 気づき・変化

．．．．．．．．．．．．．．．．．．．．．．．．．．．

．．．．．．．．．．．．．．．．．．．．．．．．．．．

．．．．．．．．．．．．．．．．．．．．．．．．．．．

．．．．．．．．．．．．．．．．．．．．．．．．．．．

．．．．．．．．．．．．．．．．．．．．．．．．．．．

💬 問いトレーニング
　（改善点を導き出す）

．．．．．．．．．．．．．．．．．．．．．．．．．．．

．．．．．．．．．．．．．．．．．．．．．．．．．．．

．．．．．．．．．．．．．．．．．．．．．．．．．．．

．．．．．．．．．．．．．．．．．．．．．．．．．．．

．．．．．．．．．．．．．．．．．．．．．．．．．．．

/　　/

📖 気づき・変化

．．．．．．．．．．．．．．．．．．．．．．．．．．．

．．．．．．．．．．．．．．．．．．．．．．．．．．．

．．．．．．．．．．．．．．．．．．．．．．．．．．．

．．．．．．．．．．．．．．．．．．．．．．．．．．．

．．．．．．．．．．．．．．．．．．．．．．．．．．．

💬 問いトレーニング
　（改善点を導き出す）

．．．．．．．．．．．．．．．．．．．．．．．．．．．

．．．．．．．．．．．．．．．．．．．．．．．．．．．

．．．．．．．．．．．．．．．．．．．．．．．．．．．

．．．．．．．．．．．．．．．．．．．．．．．．．．．

．．．．．．．．．．．．．．．．．．．．．．．．．．．

毎日の振り返り

_____ / _____ / _____

📖 気づき・変化

....

....

....

....

....

❓ 問いトレーニング
（改善点を導き出す）

....

....

....

....

....

1週間の振り返り

💡 1週間の感謝・誉めワード
（人、もの、自分、自然への感謝・誉め）

....

....

....

....

....

1週間の感情チェック

	月	火	水	木	金	土	日
喜び							
恐怖							
驚き							
悲しみ							
恨み							
怒り							
不安							
期待							

week 13-16

毎日の振り返り

/ /

📖 気づき・変化

:::::::::::::::::::::::::::::::::::::::

:::::::::::::::::::::::::::::::::::::::

:::::::::::::::::::::::::::::::::::::::

:::::::::::::::::::::::::::::::::::::::

:::::::::::::::::::::::::::::::::::::::

❓ 問いトレーニング
（改善点を導き出す）

:::::::::::::::::::::::::::::::::::::::

:::::::::::::::::::::::::::::::::::::::

:::::::::::::::::::::::::::::::::::::::

:::::::::::::::::::::::::::::::::::::::

:::::::::::::::::::::::::::::::::::::::

/ /

📖 気づき・変化

:::::::::::::::::::::::::::::::::::::::

:::::::::::::::::::::::::::::::::::::::

:::::::::::::::::::::::::::::::::::::::

:::::::::::::::::::::::::::::::::::::::

:::::::::::::::::::::::::::::::::::::::

❓ 問いトレーニング
（改善点を導き出す）

:::::::::::::::::::::::::::::::::::::::

:::::::::::::::::::::::::::::::::::::::

:::::::::::::::::::::::::::::::::::::::

:::::::::::::::::::::::::::::::::::::::

:::::::::::::::::::::::::::::::::::::::

毎日の振り返り

___/___/___

📖 気づき・変化

....

....

....

....

....

❓ 問いトレーニング
（改善点を導き出す）

....

....

....

....

....

___/___/___

📖 気づき・変化

....

....

....

....

....

❓ 問いトレーニング
（改善点を導き出す）

....

....

....

....

....

week 13-16

毎日の振り返り

___/___ /___

📓 気づき・変化

:::::::::::::::::::::::::::

:::::::::::::::::::::::::::

:::::::::::::::::::::::::::

:::::::::::::::::::::::::::

:::::::::::::::::::::::::::

問いトレーニング
（改善点を導き出す）

:::::::::::::::::::::::::::

:::::::::::::::::::::::::::

:::::::::::::::::::::::::::

:::::::::::::::::::::::::::

:::::::::::::::::::::::::::

___/___ /___

📓 気づき・変化

:::::::::::::::::::::::::::

:::::::::::::::::::::::::::

:::::::::::::::::::::::::::

:::::::::::::::::::::::::::

:::::::::::::::::::::::::::

問いトレーニング
（改善点を導き出す）

:::::::::::::::::::::::::::

:::::::::::::::::::::::::::

:::::::::::::::::::::::::::

:::::::::::::::::::::::::::

:::::::::::::::::::::::::::

毎日の振り返り

/　　/

📖 気づき・変化

❓ 問いトレーニング
（改善点を導き出す）

week 13-16

1週間の振り返り

💡 1週間の感謝・誉めワード
（人、もの、自分、自然への感謝・誉め）

1週間の感情チェック

	月	火	水	木	金	土	日
喜び							
恐怖							
驚き							
悲しみ							
恨み							
怒り							
不安							
期待							

毎日の振り返り

/ /

📖 気づき・変化

・・・・・・・・・・・・・・・・・・・・・・・・・・・・・・・・

・・・・・・・・・・・・・・・・・・・・・・・・・・・・・・・・

・・・・・・・・・・・・・・・・・・・・・・・・・・・・・・・・

・・・・・・・・・・・・・・・・・・・・・・・・・・・・・・・・

・・・・・・・・・・・・・・・・・・・・・・・・・・・・・・・・

問いトレーニング （改善点を導き出す）

・・・・・・・・・・・・・・・・・・・・・・・・・・・・・・・・

・・・・・・・・・・・・・・・・・・・・・・・・・・・・・・・・

・・・・・・・・・・・・・・・・・・・・・・・・・・・・・・・・

・・・・・・・・・・・・・・・・・・・・・・・・・・・・・・・・

・・・・・・・・・・・・・・・・・・・・・・・・・・・・・・・・

/ /

📖 気づき・変化

・・・・・・・・・・・・・・・・・・・・・・・・・・・・・・・・

・・・・・・・・・・・・・・・・・・・・・・・・・・・・・・・・

・・・・・・・・・・・・・・・・・・・・・・・・・・・・・・・・

・・・・・・・・・・・・・・・・・・・・・・・・・・・・・・・・

・・・・・・・・・・・・・・・・・・・・・・・・・・・・・・・・

問いトレーニング （改善点を導き出す）

・・・・・・・・・・・・・・・・・・・・・・・・・・・・・・・・

・・・・・・・・・・・・・・・・・・・・・・・・・・・・・・・・

・・・・・・・・・・・・・・・・・・・・・・・・・・・・・・・・

・・・・・・・・・・・・・・・・・・・・・・・・・・・・・・・・

・・・・・・・・・・・・・・・・・・・・・・・・・・・・・・・・

毎日の振り返り

____ / ____ / ____

📖 気づき・変化

💬 問いトレーニング
（改善点を導き出す）

____ / ____ / ____

📖 気づき・変化

💬 問いトレーニング
（改善点を導き出す）

week 13-16

毎日の振り返り

/　　/

📖 気づき・変化

━━━━━━━━━━━━━━━━━━━━━━━━━

━━━━━━━━━━━━━━━━━━━━━━━━━

━━━━━━━━━━━━━━━━━━━━━━━━━

━━━━━━━━━━━━━━━━━━━━━━━━━

━━━━━━━━━━━━━━━━━━━━━━━━━

💬 問いトレーニング
（改善点を導き出す）

━━━━━━━━━━━━━━━━━━━━━━━━━

━━━━━━━━━━━━━━━━━━━━━━━━━

━━━━━━━━━━━━━━━━━━━━━━━━━

━━━━━━━━━━━━━━━━━━━━━━━━━

━━━━━━━━━━━━━━━━━━━━━━━━━

/　　/

📖 気づき・変化

━━━━━━━━━━━━━━━━━━━━━━━━━

━━━━━━━━━━━━━━━━━━━━━━━━━

━━━━━━━━━━━━━━━━━━━━━━━━━

━━━━━━━━━━━━━━━━━━━━━━━━━

━━━━━━━━━━━━━━━━━━━━━━━━━

💬 問いトレーニング
（改善点を導き出す）

━━━━━━━━━━━━━━━━━━━━━━━━━

━━━━━━━━━━━━━━━━━━━━━━━━━

━━━━━━━━━━━━━━━━━━━━━━━━━

━━━━━━━━━━━━━━━━━━━━━━━━━

━━━━━━━━━━━━━━━━━━━━━━━━━

毎日の振り返り

/   /

📖 気づき・変化

🗨️ 問いトレーニング
（改善点を導き出す）

week 13-16

1週間の振り返り

💡 1週間の感謝・誉めワード
（人、もの、自分、自然への感謝・誉め）

1週間の感情チェック

	月	火	水	木	金	土	日
喜び							
恐怖							
驚き							
悲しみ							
恨み							
怒り							
不安							
期待							

習慣トラッカー

	習慣										
1											
2											
3											
4											
5											
6											
7											
8											
9											
10											
11											
12											
13											
14											
15											
16											
17											

年　　月

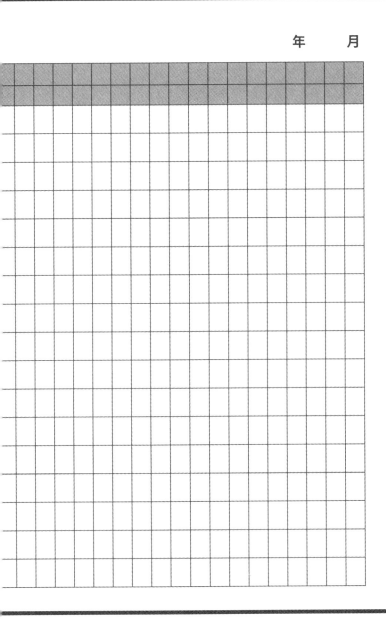

week 17-20

毎日の振り返り

/   /

📖 気づき・変化

・・・・・・・・・・・・・・・・・・・・・・・

・・・・・・・・・・・・・・・・・・・・・・・

・・・・・・・・・・・・・・・・・・・・・・・

・・・・・・・・・・・・・・・・・・・・・・・

・・・・・・・・・・・・・・・・・・・・・・・

Q&A 問いトレーニング
（改善点を導き出す）

・・・・・・・・・・・・・・・・・・・・・・・

・・・・・・・・・・・・・・・・・・・・・・・

・・・・・・・・・・・・・・・・・・・・・・・

・・・・・・・・・・・・・・・・・・・・・・・

・・・・・・・・・・・・・・・・・・・・・・・

/   /

📖 気づき・変化

・・・・・・・・・・・・・・・・・・・・・・・

・・・・・・・・・・・・・・・・・・・・・・・

・・・・・・・・・・・・・・・・・・・・・・・

・・・・・・・・・・・・・・・・・・・・・・・

・・・・・・・・・・・・・・・・・・・・・・・

Q&A 問いトレーニング
（改善点を導き出す）

・・・・・・・・・・・・・・・・・・・・・・・

・・・・・・・・・・・・・・・・・・・・・・・

・・・・・・・・・・・・・・・・・・・・・・・

・・・・・・・・・・・・・・・・・・・・・・・

・・・・・・・・・・・・・・・・・・・・・・・

毎日の振り返り

/   /

📖 気づき・変化

- -

- -

- -

- -

- -

問いトレーニング
（改善点を導き出す）

- -

- -

- -

- -

- -

/   /

📖 気づき・変化

- -

- -

- -

- -

- -

問いトレーニング
（改善点を導き出す）

- -

- -

- -

- -

- -

week 17-20

毎日の振り返り

/　　/

📖 気づき・変化	🗨️ 問いトレーニング （改善点を導き出す）

/　　/

📖 気づき・変化	🗨️ 問いトレーニング （改善点を導き出す）

毎日の振り返り

/ /

気づき・変化

. . . .

. . . .

. . . .

. . . .

問いトレーニング
（改善点を導き出す）

. . . .

. . . .

. . . .

. . . .

1週間の振り返り

1週間の感謝・褒めワード
（人、もの、自分、自然への感謝・褒め）

. . . .

. . . .

. . . .

. . . .

. . . .

1週間の感情チェック

	月	火	水	木	金	土	日
喜び							
恐怖							
驚き							
悲しみ							
恨み							
怒り							
不安							
期待							

week 17-20

毎日の振り返り

/   /

📖 気づき・変化

....

....

....

....

....

💬 問いトレーニング
（改善点を導き出す）

....

....

....

....

....

/   /

📖 気づき・変化

....

....

....

....

....

💬 問いトレーニング
（改善点を導き出す）

....

....

....

....

....

毎日の振り返り

/　　/

気づき・変化

・・・・・・・・・・・・・・・・・・・・・・・・・・・・・・・・・・・・・・

・・・・・・・・・・・・・・・・・・・・・・・・・・・・・・・・・・・・・・

・・・・・・・・・・・・・・・・・・・・・・・・・・・・・・・・・・・・・・

・・・・・・・・・・・・・・・・・・・・・・・・・・・・・・・・・・・・・・

・・・・・・・・・・・・・・・・・・・・・・・・・・・・・・・・・・・・・・

問いトレーニング
（改善点を導き出す）

・・・・・・・・・・・・・・・・・・・・・・・・・・・・・・・・・・・・・・

・・・・・・・・・・・・・・・・・・・・・・・・・・・・・・・・・・・・・・

・・・・・・・・・・・・・・・・・・・・・・・・・・・・・・・・・・・・・・

・・・・・・・・・・・・・・・・・・・・・・・・・・・・・・・・・・・・・・

・・・・・・・・・・・・・・・・・・・・・・・・・・・・・・・・・・・・・・

/　　/

気づき・変化

・・・・・・・・・・・・・・・・・・・・・・・・・・・・・・・・・・・・・・

・・・・・・・・・・・・・・・・・・・・・・・・・・・・・・・・・・・・・・

・・・・・・・・・・・・・・・・・・・・・・・・・・・・・・・・・・・・・・

・・・・・・・・・・・・・・・・・・・・・・・・・・・・・・・・・・・・・・

・・・・・・・・・・・・・・・・・・・・・・・・・・・・・・・・・・・・・・

問いトレーニング
（改善点を導き出す）

・・・・・・・・・・・・・・・・・・・・・・・・・・・・・・・・・・・・・・

・・・・・・・・・・・・・・・・・・・・・・・・・・・・・・・・・・・・・・

・・・・・・・・・・・・・・・・・・・・・・・・・・・・・・・・・・・・・・

・・・・・・・・・・・・・・・・・・・・・・・・・・・・・・・・・・・・・・

・・・・・・・・・・・・・・・・・・・・・・・・・・・・・・・・・・・・・・

week 17-20

毎日の振り返り

/　　/

📖 気づき・変化

問いトレーニング
（改善点を導き出す）

/　　/

📖 気づき・変化

問いトレーニング
（改善点を導き出す）

毎日の振り返り

_____ / /

📖 気づき・変化

....

....

....

....

....

問いトレーニング
（改善点を導き出す）

....

....

....

....

....

1週間の振り返り

💡1週間の感謝・誉めワード
（人、もの、自分、自然への感謝・誉め）

....

....

....

....

....

1週間の感情チェック

	月	火	水	木	金	土	日
喜び							
恐怖							
驚き							
悲しみ							
恨み							
怒り							
不安							
期待							

week 17-20

毎日の振り返り

/　　　/

気づき・変化

問いトレーニング
（改善点を導き出す）

/　　　/

気づき・変化

問いトレーニング
（改善点を導き出す）

毎日の振り返り

/ /

気づき・変化

問いトレーニング
（改善点を導き出す）

/ /

気づき・変化

問いトレーニング
（改善点を導き出す）

week 17-20

毎日の振り返り

/　　／

📖 気づき・変化

⬚⬚⬚⬚⬚⬚⬚⬚⬚⬚⬚⬚⬚⬚⬚⬚⬚⬚⬚⬚⬚⬚⬚⬚⬚⬚⬚⬚

⬚⬚⬚⬚⬚⬚⬚⬚⬚⬚⬚⬚⬚⬚⬚⬚⬚⬚⬚⬚⬚⬚⬚⬚⬚⬚⬚⬚

⬚⬚⬚⬚⬚⬚⬚⬚⬚⬚⬚⬚⬚⬚⬚⬚⬚⬚⬚⬚⬚⬚⬚⬚⬚⬚⬚⬚

⬚⬚⬚⬚⬚⬚⬚⬚⬚⬚⬚⬚⬚⬚⬚⬚⬚⬚⬚⬚⬚⬚⬚⬚⬚⬚⬚⬚

⬚⬚⬚⬚⬚⬚⬚⬚⬚⬚⬚⬚⬚⬚⬚⬚⬚⬚⬚⬚⬚⬚⬚⬚⬚⬚⬚⬚

問いトレーニング
（改善点を導き出す）

/　　／

📖 気づき・変化

問いトレーニング
（改善点を導き出す）

毎日の振り返り

/　　／

📖 気づき・変化

問いトレーニング
（改善点を導き出す）

1週間の振り返り

💡 1週間の感謝・誉めワード
（人、もの、自分、自然への感謝・誉め）

1週間の感情チェック

	月	火	水	木	金	土	日
喜び							
恐怖							
驚き							
悲しみ							
恨み							
怒り							
不安							
期待							

week 17-20

125

毎日の振り返り

/　/

📖 気づき・変化

❓ 問いトレーニング
（改善点を導き出す）

/　/

📖 気づき・変化

❓ 問いトレーニング
（改善点を導き出す）

毎日の振り返り

/　　　/

📖 気づき・変化

📝 問いトレーニング
（改善点を導き出す）

/　　　/

📖 気づき・変化

📝 問いトレーニング
（改善点を導き出す）

week 17-20

毎日の振り返り

_____ / _____ / _____

気づき・変化

. . . .

. . . .

. . . .

. . . .

. . . .

問いトレーニング
（改善点を導き出す）

. . . .

. . . .

. . . .

. . . .

. . . .

_____ / _____ / _____

気づき・変化

. . . .

. . . .

. . . .

. . . .

. . . .

問いトレーニング
（改善点を導き出す）

. . . .

. . . .

. . . .

. . . .

. . . .

毎日の振り返り

/　　/

📖 気づき・変化

- -

- -

- -

- -

- -

問いトレーニング
（改善点を導き出す）

- -

- -

- -

- -

- -

1週間の振り返り

1週間の感謝・誉めワード
（人、もの、自分、自然への感謝・誉め）

- -

- -

- -

- -

- -

1週間の感情チェック

	月	火	水	木	金	土	日
喜び							
恐怖							
驚き							
悲しみ							
恨み							
怒り							
不安							
期待							

week 17-20

習慣トラッカー

	習慣											
1												
2												
3												
4												
5												
6												
7												
8												
9												
10												
11												
12												
13												
14												
15												
16												
17												

年　　　月

week 21-24

毎日の振り返り

/　　/

🔖 気づき・変化

━━━━━━━━━━━━━━━

━━━━━━━━━━━━━━━

━━━━━━━━━━━━━━━

━━━━━━━━━━━━━━━

━━━━━━━━━━━━━━━

💬 問いトレーニング
（改善点を導き出す）

━━━━━━━━━━━━━━━

━━━━━━━━━━━━━━━

━━━━━━━━━━━━━━━

━━━━━━━━━━━━━━━

━━━━━━━━━━━━━━━

/　　/

🔖 気づき・変化

━━━━━━━━━━━━━━━

━━━━━━━━━━━━━━━

━━━━━━━━━━━━━━━

━━━━━━━━━━━━━━━

━━━━━━━━━━━━━━━

💬 問いトレーニング
（改善点を導き出す）

━━━━━━━━━━━━━━━

━━━━━━━━━━━━━━━

━━━━━━━━━━━━━━━

━━━━━━━━━━━━━━━

━━━━━━━━━━━━━━━

毎日の振り返り

___/___/___

📖 気づき・変化

❓ 問いトレーニング
（改善点を導き出す）

___/___/___

📖 気づき・変化

❓ 問いトレーニング
（改善点を導き出す）

毎日の振り返り

/　　/

📖 気づき・変化

....	
....	
....	
....	
....	

💬 問いトレーニング
（改善点を導き出す）

....
....
....
....
....

/　　/

📖 気づき・変化

....
....
....
....
....

💬 問いトレーニング
（改善点を導き出す）

....
....
....
....
....

毎日の振り返り

/   /

📔 気づき・変化

問いトレーニング
（改善点を導き出す）

1週間の振り返り

💡1週間の感謝・誉めワード
（人、もの、自分、自然への感謝・誉め）

1週間の感情チェック

	月	火	水	木	金	土	日
喜び							
恐怖							
驚き							
悲しみ							
恨み							
怒り							
不安							
期待							

week 21-24

毎日の振り返り

/　　　/

📖 気づき・変化

::

::

::

::

::

問いトレーニング
（改善点を導き出す）

::

::

::

::

::

/　　　/

📖 気づき・変化

::

::

::

::

::

問いトレーニング
（改善点を導き出す）

::

::

::

::

::

毎日の振り返り

＿＿＿／＿＿＿／＿＿＿

📖 気づき・変化

....

....

....

....

....

問いトレーニング
（改善点を導き出す）

....

....

....

....

....

＿＿＿／＿＿＿／＿＿＿

📖 気づき・変化

....

....

....

....

....

問いトレーニング
（改善点を導き出す）

....

....

....

....

....

week 21-24

137

毎日の振り返り

/　　/

気づき・変化

・・

・・

・・

・・

・・

問いトレーニング
（改善点を導き出す）

・・

・・

・・

・・

・・

/　　/

気づき・変化

・・

・・

・・

・・

・・

問いトレーニング
（改善点を導き出す）

・・

・・

・・

・・

・・

毎日の振り返り

_____ / _____ / _____

📖 気づき・変化

....

....

....

....

....

❓ 問いトレーニング
（改善点を導き出す）

....

....

....

....

....

1週間の振り返り

💡 1週間の感謝・誉めワード
（人、もの、自分、自然への感謝・誉め）

....

....

....

....

....

1週間の感情チェック

	月	火	水	木	金	土	日
喜び							
恐怖							
驚き							
悲しみ							
恨み							
怒り							
不安							
期待							

week 21-24

毎日の振り返り

/   /

📖 気づき・変化

・・・・・・・・・・・・・・・・・・・・・・・・・・・・・・

・・・・・・・・・・・・・・・・・・・・・・・・・・・・・・

・・・・・・・・・・・・・・・・・・・・・・・・・・・・・・

・・・・・・・・・・・・・・・・・・・・・・・・・・・・・・

・・・・・・・・・・・・・・・・・・・・・・・・・・・・・・

問いトレーニング
（改善点を導き出す）

・・・・・・・・・・・・・・・・・・・・・・・・・・・・・・

・・・・・・・・・・・・・・・・・・・・・・・・・・・・・・

・・・・・・・・・・・・・・・・・・・・・・・・・・・・・・

・・・・・・・・・・・・・・・・・・・・・・・・・・・・・・

・・・・・・・・・・・・・・・・・・・・・・・・・・・・・・

/   /

📖 気づき・変化

・・・・・・・・・・・・・・・・・・・・・・・・・・・・・・

・・・・・・・・・・・・・・・・・・・・・・・・・・・・・・

・・・・・・・・・・・・・・・・・・・・・・・・・・・・・・

・・・・・・・・・・・・・・・・・・・・・・・・・・・・・・

・・・・・・・・・・・・・・・・・・・・・・・・・・・・・・

問いトレーニング
（改善点を導き出す）

・・・・・・・・・・・・・・・・・・・・・・・・・・・・・・

・・・・・・・・・・・・・・・・・・・・・・・・・・・・・・

・・・・・・・・・・・・・・・・・・・・・・・・・・・・・・

・・・・・・・・・・・・・・・・・・・・・・・・・・・・・・

・・・・・・・・・・・・・・・・・・・・・・・・・・・・・・

毎日の振り返り

/　　/

📖 気づき・変化

🗨️ 問いトレーニング
（改善点を導き出す）

/　　/

📖 気づき・変化

🗨️ 問いトレーニング
（改善点を導き出す）

毎日の振り返り

/ /

📖 気づき・変化

Q&A 問いトレーニング
（改善点を導き出す）

/ /

📖 気づき・変化

Q&A 問いトレーニング
（改善点を導き出す）

毎日の振り返り

/　　/

気づき・変化

....

....

....

....

....

問いトレーニング
（改善点を導き出す）

....

....

....

....

....

1週間の振り返り

1週間の感謝・褒めワード
（人、もの、自分、自然への感謝・褒め）

....

....

....

....

....

1週間の感情チェック

	月	火	水	木	金	土	日
喜び							
恐怖							
驚き							
悲しみ							
恨み							
怒り							
不安							
期待							

week 21-24

毎日の振り返り

/ /

📖 気づき・変化

....

....

....

....

....

❓ 問いトレーニング
（改善点を導き出す）

....

....

....

....

....

/ /

📖 気づき・変化

....

....

....

....

....

❓ 問いトレーニング
（改善点を導き出す）

....

....

....

....

....

毎日の振り返り

/ /

気づき・変化

問いトレーニング
（改善点を導き出す）

/ /

気づき・変化

問いトレーニング
（改善点を導き出す）

week 21-24

毎日の振り返り

/ /

📖 気づき・変化

💬 問いトレーニング
（改善点を導き出す）

/ /

📖 気づき・変化

💬 問いトレーニング
（改善点を導き出す）

毎日の振り返り

/ /

気づき・変化

問いトレーニング
（改善点を導き出す）

1週間の振り返り

1週間の感謝・誉めワード
（人、もの、自分、自然への感謝・誉め）

1週間の感情チェック

	月	火	水	木	金	土	日
喜び							
恐怖							
驚き							
悲しみ							
恨み							
怒り							
不安							
期待							

week 21-24

MEMO

MEMO

MEMO

おわりに

　「習慣マスタリーノート」を手に取ってくださりありがとうございます。これから始める方、まだ始めたばかりの方、３か月くらい継続中の方、このノートを信じて諦めずに取り組んでみてください。

　私は乳がんになったことがきっかけで、それまでの生活習慣に向き合いました。はじめは薬で治療を続けていましたが、何せ副作用が苦しい。しかも、薬を使った治療は根本的に治っているわけではありませんでした。

　そうして、これまでの生活習慣を見直して、新しい習慣づくりにコツコツ励んできました。はじめは、たった３回の腹筋でもとても辛かったです。なかなか変化を実感できないし「もう辞めようかな」と何度も考えました。それでも毎日繰り返しやってきたから、元気に活躍できている今があります。

　私には、過去の私のように病気を患っている方々が、習慣化で良くなってほしいという願いがあります。でもできることなら、病気や大変な思いをすること自体、回避していただきたい。社会を支える経営者やリーダーの方々こそ、心身を大事にして、いきいきと活躍していただきたいのです。

　誰もが生まれながらにして天才性や潜在能力を持っています。本来の力を発揮できれば、人生はもっと良くなっていくはずです。
　天才性を開花させるには、新しい「習慣化」を避けて通れません。

　ぜひ、毎日コツコツ続けてみてくださいね。習慣マスタリーノートに取り組んだあなたが、目標達成できるのを心から願っております。

　　　2023 年 10 月　　　　　千道株式会社代表 エンパワーメントコーチ
　　　　　　　　　　　　　　　　　　　加藤　せい子

「習慣マスタリーノート」を極めたい方へ

　習慣化についてもっと知りたい、より効果的にノートを使いたいという方は、ぜひ LINE 公式の友だち追加後に読者特典を受け取ってください。

【特典①】「100 日習慣化チャレンジ」PDF

　まずは 100 日間、習慣を続けるためのヒントをギュッとまとめた PDF をプレゼントします。

【特典②】オンラインサロンのご案内

　習慣化についてより深く学び、ともに実践できるオンラインサロンの情報をご案内します。

【特典③】LINE 公式限定配信

　私がおすすめしている習慣や効果的な実践方法について、LINE 公式限定で配信していきます。

＜ LINE 公式の友達追加で特典を受け取る＞

https://lin.ee/qgUGxxw

本書の出版にあたりご支援・ご協力いただいた皆さま

●企業スポンサー●

株式会社 HAKKEIJAPAN　http://www.hakkei-yubara.jp

株式会社ウエ・コーポレーション　https://www.gyu-cho.jp

有限会社グランディーオート　https://www.grandy-auto.com

税理士法人 久遠　https://www.maehara.ne.jp

社長チップスエンタテイメント株式会社　https://shacho-chips.com

株式会社 Growvely　https://www.growvely.co.jp

株式会社 Do it プランニング　岡山支社　https://doitplanning.co.jp/corp

●個人スポンサー●

土生田祐子　鵜川秀樹　美馬秀和　小林勝祐　木蔵君子　梅岡康成

後藤輝明　信定努　片山直人　影山秀樹　芦田弘江　杉ノ内柚樹

美日月姫　楢村克佳　嶋田武史　山下武伺　栗原志功　松本大成

前田美紀　山根要二　川西弘城　塩崎計吉　前田洋一　大塚健一朗

藤原新一　藤原ミヨ子　林亮太郎　松本守正　大川真澄　華房英樹

大屋典香　石田篤史　鈴木俊博

（順不同、敬称略）

● 参考文献 ─────────────────────────────────

『安保徹の免疫力を上げる 45 の方法 (健康実用)』安保徹 著（学研プラス）

『幸せのメカニズム 実践・幸福学入門』前野隆司 著（講談社）

『NY に挑んだ１０００人が教えてくれた８つの成功法則』高橋克明 著（KADOKAWA）

『小さな習慣』スティーヴン・ガイズ 著（ダイヤモンド社）

『結果を出し続ける人が朝やること』後藤勇人 著（あさ出版）

『「自分」経営の心得』丸山敏雄 著（近代出版社）

『The Having』イ・ソユン 著（飛鳥新社）

『人生が劇的に上向く「脳内会話」の法則』伊東明 著（ダイヤモンド社）

『才能の科学』マシュー・サイド 著（河出書房新社）

『ゼロ秒思考』赤羽雄二 著（ダイヤモンド社）

『LISTEN　知性豊かで創造力がある人になれる』Kate Murphy 著（日経 BP）

『自分の才能の見つけ方』本田健 著（フォレスト出版 ）

『免疫力が上がる！やめるだけ健康法』安保徹 著（KADOKAWA/ メディアファクトリー）

『あなたの「治る力」を引きだそう』市川加代子 著（あさ出版）

『病気の原因は汚血にある』蔡篤俊 著（幻冬舎）

『ルポ 食が壊れる』堤未果 著（文藝春秋）

『残り 97％の脳の使い方』苫米地英人 著（フォレスト出版）

『超一流の人の「健康」の極意』小林弘幸 著（ポプラ社）

『「扁桃体パワー」が幸せを引き寄せる』塩田久嗣 著（徳間書店）

『40 代から手に入れる「最高の生き方」』いれぶん 著（KADOKAWA）

『丸山敏雄「やれば、できる！」を発見した人』丸山敏雄 著（三笠書房）

『１日５分「よい習慣」を無理なく身につける できたことノート』永谷研一 著（クロスメディア・パブリッシング (インプレス) ）

『ネガティブ・ケイパビリティ 答えの出ない事態に耐える力』帚木蓬生 著 (朝日新聞出版)

『「空腹」こそ最強のクスリ』青木厚 著（アスコム）

『50 歳を過ぎても体脂肪率 10％ の名医が教える 内臓脂肪を落とす最強メソッド』池谷俊郎 著（東洋経済新報社）

『あらゆるストレスが消えていく 50 の神習慣』矢作 直樹 著（ワニブックス）

『自動的に夢がかなっていくブレイン・プログラミング』アラン・ピーズ , バーバラ・ピーズ 著（サンマーク出版）

『自律神経を整える名医の習慣』小林弘幸 著（プレジデント社）

『新釈養生訓　日本人が伝えてきた予防健康法』貝原益軒 著（PHP研究所）

『時間と空間を操る「量子力学的」習慣術』村松大輔 著（サンマーク出版）

『自分を休ませる練習 しなやかに生きるためのマインドフルネス』矢作直樹 著（文響社）

『たべるクリニック』たなかれいこ 著（mille books）

『中村天風 健康哲学』伊東豊 著（ロングセラーズ）

『GO WILD 野生の体を取り戻せ！科学が教えるトレイルラン、低炭水化物食、マインドフルネス』ジョン J. レイティ, リチャード・マニング 著（NHK出版）

加藤　せい子（かとう・せいこ）

　千道株式会社代表取締役。NPO法人吉備野工房ちみち前理事長。広島県神石高原町ふるさと大使、内閣府地域活性化伝道師、一般社団法人ブータンハピネス倶楽部理事、大学講師、健康経営アドバイザー、健康管理士。

　11人兄妹の長女として広島県神石高原町に生まれる。1997年の神戸連続児童殺傷事件を契機に「大人が子どもたちに生きる後ろ姿を見せよう」という信念のもと、社会変革を志す道を歩み始める。2000年から5年間、岡山県総社市で音楽を通じた文化活動に情熱を注ぎ、コンサートで4年連続1000人以上の観客を魅了し、文化の力で人々を結びつけた。

　2005年から5年間は総社市商店街を活用したイベント「れとろーど」を企画。商店街に新たな息吹を吹き込み、2日間で約2万人もの人々を集客した。総社市役所駐車場での冬のイベント「こたつ100個ライブ」の発起人としても、地域の活性化に貢献した。

　2008年5月「NPO法人吉備野工房ちみち」を設立。地域資源を生かした地域開発「みちくさ小道」プログラムを全国8か所で実施。海外では「みちくさ小道」の仕組みがタイ全土に広がっている。全国各地、海外（韓国・タイ・ネパール）で講演会や研修を提供するなど、広範な活動を通じて社会貢献に励む。

　2014年、人材開発コンサルタントを中心とする千道株式会社を創設。千道株式会社の代表として、人の天才性を開化させるエンパワーメントコーチとしての使命を胸に、多岐にわたる分野でその存在感を発揮している。2018年1月、乳がんの告知を受けたことで、健康な経営の大切さを痛感した。その経験を胸に、経営者やリーダーの健康を守るエンパワーメントコーチとして、個人や企業の天才性を活かしたウェルビーイング経営に尽力している。

千道株式会社　公式ホームページ
- ◆ 千道株式会社 HP：https://chimichi.jp/
- ◆ Podcast：https://podcasts.apple.com/jp/podcast/id1614730903
- ◆ ブログ：https://ameblo.jp/chimichi-seiko/
- ◆ Facebook：https://www.facebook.com/seiko.kato1017

習慣マスタリーノート

2023 年 12 月 28 日　第 1 刷発行

著　者　　加藤せい子

編　集　　岡田正宏　岩田裕美

発行者　　落合英秋

発行所　　株式会社 日本地域社会研究所

　　　　　〒 167-0043　東京都杉並区上荻 1-25-1

　　　　　TEL　（03）5397-1231（代表）

　　　　　FAX　（03）5397-1237

　　　　　メールアドレス　tps@n-chiken.com

　　　　　ホームページ　http://www.n-chiken.com

　　　　　郵便振替口座　00150-1-41143

印刷所　　中央精版印刷株式会社

ISBN978-4-89022-307-7